Diez r

Diez maravillas de

Diez maravillas

de la antigüedad

José Luis Trueba Lara

Índice
Ín

D.R. © del texto: José Luis Trueba Lara
D.R. © de las ilustraciones: Osvaldo Cortés

De esta edición:
D.R. © Santillana Ediciones Generales, S.A. de C.V.
Av. Universidad 767, Col. del Valle
México, 03100, D.F. Teléfono 54 20 75 30
www.alfaguarainfantil.com.mx

Altea es un sello editorial del Grupo Santillana.
Éstas son sus redes:

Argentina, Bolivia, Chile, Colombia, Costa Rica, Ecuador, El Salvador, España, Estados Unidos, Guatemala, México, Panamá, Perú, Paraguay, Puerto Rico, República Dominicana, Uruguay y Venezuela

Primera edición: febrero de 2004
Primera reimpresión: julio de 2004

ISBN: 970-29-1058-7

D.R. © Diseño de cubierta: Times Editores, S.A. de C.V.
Diseño de interiores: Times Editores, S.A. de C.V.
Cuidado de la edición: Diego Mejía Eguiluz y Valdemar Ramírez.

Impreso en México.

Para la elaboración de este libro se emplearon los siguientes bancos de imágenes: Clasic Art Images, Master Fotos y Art Explotion.

Todos los derechos reservados. Esta publicación no puede ser reproducida, ni en todo ni en parte, ni registrada en o transmitida por un sistema de recuperación de información, en ninguna forma ni por ningún medio, sea mecánico, fotoquímico, electrónico, magnético, electroóptico, por fotocopia o cualquier otro, sin el permiso previo, por escrito, de la editorial.

Índice

¿De qué trata este libro? 7

¿Qué es una maravilla? 9

Las diez maravillas 10

La gran pirámide 16

La estatua de Zeus en Olimpia 24

La Gran Muralla china 33

El Mausoleo de Halicarnaso 40

Los Jardines Colgantes de Babilonia 49

El Coloso de Rodas 57

El Faro de Alejandría 65

El Templo de Artemisa en Éfeso 73

Tenochtitlán 81

El Coliseo romano 89

Para los educadores 95

¿De qué trata este libro?

¿De qué trata este libro?

El Coliseo romano, según una acuarela del siglo XIX.

A lo largo de la historia, los seres humanos han creado obras grandiosas y capaces de perdurar en la memoria durante miles de años. Asimismo, han escrito libros que permanecen más allá de la vida de su autor, a tal grado que hoy podríamos llamar a Homero para que nos hablara del sitio de Troya o de los viajes de Odiseo. Del mismo modo, las antiguas pinturas realizadas por los seres humanos nos siguen pareciendo magníficas pues nos hablan de un pasado lejano y un mundo que no existe más, como ocurre cuando observamos las pinturas rupestres que los habitantes de las cavernas plasmaron en sus hogares hace miles de años; lo mismo nos sucede con la arquitectura, la escultura y la música, que buscan derrotar al tiempo para llegar a la eternidad. Este libro habla sobre algunas de estas obras: en sus páginas desfilan diez maravillas que la gente de la antigüedad construyó en diferentes continentes para, desafiando al tiempo y a la imaginación, llegar a convertirse en parte de nuestra memoria.

¿Qué

¿Qué es una mara...

¿Qué e...

MARAVILLAS

La palabra maravilla tiene un origen latino. Los antiguos romanos utilizaban la voz MIRABILIA para designar las cosas y los objetos que causan admiración; varios siglos más tarde, se transformó en MARAVILLA.

¿Qué es una maravilla?

Interior de un templo egipcio.

¿Alguna vez has pensado de qué manera podemos conocer los hechos de la Antigüedad? En términos generales, podemos conocerlos gracias a lo que escribieron las personas de aquellos tiempos. Las obras de teatro, los libros de filosofía y los textos de historia de los antiguos griegos nos permiten saber muchas cosas sobre su mundo, y con los egipcios —después de que se descifró su escritura— se logró algo muy parecido. Gracias a los escritores de aquellos años, sabemos que en el mundo antiguo ya se consideraban como maravillosas una serie de construcciones. Por ejemplo, en la *Historia* de Herodoto se habla de una serie de obras arquitectónicas admirables, entre las que se encuentran las pirámides egipcias y los famosos Jardines Colgantes de Babilonia. Las listas sobre las maravillas del mundo antiguo han variado de tiempo en tiempo, depende de quién haya escrito la lista, pero lo cierto es que, con el paso de los siglos, sólo unas cuantas permanecen en pie, como la muralla china, las pirámides de Egipto o el Coliseo romano. La mayor parte fueron destruidas por las guerras, el abandono, los fenómenos naturales o, simplemente, por el tiempo, que terminó por arruinar o desaparecer aquellas portentosas edificaciones.

Las a
Las diez mara
La

Antigua pirámide egipcia.

Era imposible que los investigadores de todos los tiempos se pusieran de acuerdo acerca de cuáles son las maravillas del mundo. Algunos de ellos, como sucedió en la Edad Media, pensaban que estas construcciones deberían de ser siete, pues creían que era un número mágico. Sin embargo, quienes sostenían esta idea no conocían todo el mundo: América todavía no era conocida por los europeos y los confines de Asia les eran prácticamente desconocidos, razón por la cual su lista de maravillas era incompleta. Con el tiempo, la lista de las maravillas del mundo antiguo ha cambiado: a veces crece —como en este libro— para sumar diez y en otras ocasiones —con tal de mantener el número siete— se eliminan algunas construcciones griegas y se les sustituye por las de otros países.

Así pues, a lo largo de este libro hablaremos de diez maravillas distribuidas en varios continentes. Las sorprendentes construcciones que conocerás son las siguientes: las pirámides de Egipto (1), la estatua de Zeus en Olimpia (2), la Gran Muralla china (3), el Mausoleo de Halicarnaso (4), los Jardines Colgantes de Babilonia (5), el Coloso de Rodas (6), el Faro de Alejandría (7), el Templo de Artemisa en Éfeso (8), la gran Tenochtitlán (9) y el Coliseo romano (10).

PIRÁMIDES DE GIZEH

Ubicación: Egipto, en la ribera del Nilo
Fecha aproximada de construcción: 2540 a.C.
Constructor: Keops

ESTATUA DE ZEUS EN OLIMPIA

Ubicación: Olimpia, en el sur de Grecia
Fecha aproximada de construcción: 433 a.C.
Constructor: Fidias

GRAN MURALLA CHINA

Ubicación: norte de China
Fecha aproximada de construcción: 200 a.C.
Constructor: Qin Shi Huang

MAUSOLEO DE HALICARNASO

Ubicación: Halicarnaso, en la actual Turquía
Fecha aproximada de construcción: siglo IV a.C.
Constructor: Mausolo

JARDINES COLGANTES

Ubicación: Babilonia
Fecha aproximada de construcción: desconocida
Constructor: Nabucodonosor

Marav

COLOSO DE RODAS

Ubicación: isla de Rodas, en Grecia
Fecha aproximada de construcción: 292 a.C.
Constructor: Cares de Lindos

FARO DE ALEJANDRÍA

Ubicación: Alejandría, en el norte de África
Fecha aproximada de construcción: 299 a.C.
Constructor: Ptolomeo Soter

TEMPLO DE ARTEMISA

Ubicación: Éfeso, en la actual Turquía
Fecha aproximada de construcción: siglo IV a.C.
Constructor: desconocido

TENOCHTITLÁN

Ubicación: ciudad de México
Fecha aproximada de construcción: 1325 d.C.
Constructor: desconocido

COLISEO ROMANO

Ubicación: Roma
Fecha aproximada de construcción: 80 d.C.
Constructor: Vespasiano

Cuando los investigadores descubren documentos de civilizaciones antiguas, muchas veces no pueden comprenderlos porque están escritos con extraños símbolos o en escrituras que ya no existen.

¿Te gustaría tener una manera de escribir que sólo los que conozcan la clave puedan comprender, con el fin de mandar mensajes secretos?

De acuerdo, a continuación te presento un código secreto que puedes emplear en tus mensajes.

CÓDIGO INVERSO

Este código te permite escribir las palabras utilizando las letras del alfabeto al revés, es decir, la primera es la última y la última es la primera, y así sucesivamente:

A es Z	J es Q	R es I
B es Y	K es P	S es H
C es X	L es O	T es G
D es W	M es Ñ	U es F
E es V	N es N	V es E
F es U	Ñ es M	W es D
G es T	O es L	X es C
H es S	P es K	Y es B
I es R	Q es J	Z es A

Por ejemplo, el enunciado

        DIEZ MARAVILLAS

se escribe

        WRVA ÑZIZEROOZH

Ahora intenta enviar un mensaje con este código. No olvides dar la clave a tus amigos para que puedan descifrarlo sin enfrentar grandes problemas.

La gran pirámide

PIRÁMIDES

Los egipcios no fueron los únicos que construyeron pirámides en la Antigüedad. Esta clase de edificios también existe en América: los mayas, los aztecas y otras culturas crearon grandes monumentos de este tipo. En Medio Oriente también existen pirámides que se conocen como *zigurats*.

La gran pirámide

Grabado del siglo XIX que representa las antiguas pirámides egipcias.

¿Por qué razón los egipcios construyeron las grandes pirámides? La respuesta a esta pregunta puede parecer un poco extraña: para ellos la muerte era muy importante, a tal grado que una de las mayores preocupaciones de los faraones era construir un sitio donde pudieran guardar sus momias, sus tesoros y donde les acompañaran algunos de sus familiares y sirvientes más fieles. Es decir, las pirámides egipcias son grandes tumbas.

Las pirámides de Gizeh son el conjunto arquitectónico más impresionante del antiguo Egipto y, desde hace miles de años, han cautivado la imaginación de quienes las observan; tal fue el caso de los antiguos viajeros griegos o de Napoleón Bonaparte, quien dijo a sus soldados al llegar a Gizeh: "Siglos de historia nos contemplan."

El mayor secreto de la Gran Pirámide es la tumba del faraón Keops, la cual se encuentra en su interior. Para llegar a este sitio, conocido como la *cámara del faraón*, fue necesario descubrir, entre una gran cantidad de cámaras y pasadizos, el que conducía al lugar correcto. Los egiptólogos suponen que la *cámara del faraón* fue lo primero que se construyó en esta pirámide, pues su sarcófago es más grande que la entrada.

Grabados del siglo XIX que representan la construcción de las pirámides egipcias y una de las esculturas que se descubrió en ellas.

Los se

¿SABÍAS QUE...?

• La Gran Pirámide pesa más de cinco millones de toneladas.

• Que en la superficie que ocupa caben más de 200 canchas de tenis.

• Que los ingenieros que acompañaban a Napoleón calcularon que con sus bloques se podría construir un muro de tres metros de alto alrededor de Francia.

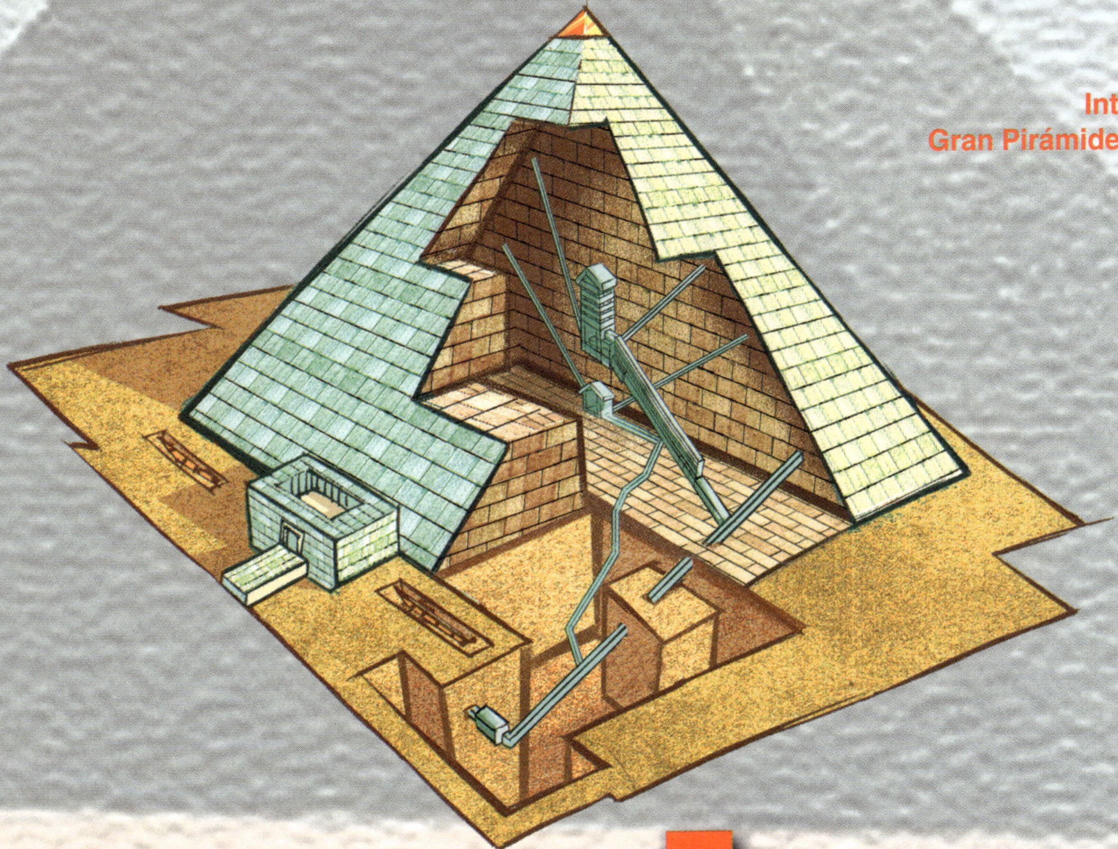

Interior de la Gran Pirámide de Gizeh.

cretos

LAS MOMIAS Y EL CINE

Tras la muerte de Howard Carter, el cine no tardó mucho en incorporar las momias egipcias a su catálogo de monstruos y, a partir de ese momento, los seres cubiertos de vendas que caminaban con los brazos extendidos hacia adelante comenzaron a asustar al auditorio. Entre las películas de momias destaca la protagonizada por Boris Karloff, aunque las que se filmaron después son más conocidas.

En México, el cine de momias también tiene lo suyo. Un ejemplo de esto es la película *La momia azteca*, filmada en 1957, en la que —de manera por demás extraña y contradictoria con el título— el espíritu de un jaguar se apodera de una joven en unas ruinas mayas.

Los antiguos egipcios acostumbraban labrar maldiciones en la entrada de las tumbas con el fin de alejar a quienes deseaban profanarlas. Durante siglos las personas no tomaron muy en serio estas maldiciones. No sería sino hasta 1922, cuando el arqueólogo Howard Carter y su equipo descubrieron la tumba de Tutankhamón, que estas maldiciones cobraron fuerza: Carter murió poco tiempo después del descubrimiento y la "maldición de la momia" se convirtió en "realidad". Sin embargo, hoy sabemos que la muerte de Carter no se debió a las maldiciones de Tutankhamón, sino a un padecimiento que nada tenía que ver con el faraón.

Maldic

Casi siempre pensamos que las palabras sólo son letras. Sin embargo, las letras de las palabras también se pueden transformar en una representación de su significado, a tal grado que se conviertan en el dibujo de un objeto, un animal o una cosa. A continuación te presento una serie de ejemplos de esta posibilidad.

Ahora te propongo un reto: con las palabras que están a continuación debes crear una serie de dibujos que representen su significado:

FARAÓN

PIRÁMIDE

MOMIA

Palabras mágicas

La estatua de Zeus en Olimpia

Arriba: antiguo mapa alemán de Grecia.

Abajo: restos de un templo griego.

Los antiguos griegos tenían una relación muy especial con sus dioses: los veían como una familia muy poderosa cuyos integrantes casi siempre estaban metidos en problemas y peleándose unos contra otros, razón por la cual sólo de vez en cuando se ocupaban de los asuntos humanos.

El principal dios de los griegos era Zeus, su padre era Cronos, el malvado y caníbal rey de los titanes. Un día, como resultado de un pleito familiar, Zeus y sus hermanos Hades y Poseidón desterraron a su padre a una lejana isla y se repartieron el mundo: a Zeus le tocó el cielo; a Poseidón, el mar; y a Hades, el infierno.

Zeus tuvo una gran cantidad de templos en la antigua Grecia, pero el más bello de todos fue el de la ciudad de Olimpia, el cual permaneció durante siglos, hasta que la ciudad fue abandonada en tiempos del Imperio romano.

Templo de Zeus en Olimpia.

El tem

Distintas muestras de la arquitectura en Grecia clásica.

ZEUS EN COMBATE

Los titanes estaban listos para la lucha, exhibían el poder de sus brazos y su fuerza. Zeus no contuvo su furia: desde el cielo y el Olimpo, lanzó relámpagos sin cesar mientras avanzaba sin detenerse. Los rayos, junto con el trueno y el relámpago, volaban desde su poderosa mano, mientras giraban sus sagradas llamas.

Por todos lados resonaba la Tierra envuelta en llamas. Hervían toda la Tierra y las corrientes del océano. Una ardiente humadera envolvió a los titanes nacidos del suelo y una inmensa llamarada alcanzó la atmósfera divina.

Ellos le lanzaban inmensas rocas, pero ya nada podían hacer contra el poder de sus rayos.

De esta manera fueron derrotados los titanes por el gran Zeus.

"TEOGONÍA"
HESÍODO

A continuación te presento algunos dioses de los antiguos griegos, mismos que reinaron en Europa hasta el año 363 de nuestra era, cuando el emperador Juliano de Constantinopla murió en combate contra los persas. Él fue el último emperador que adoró a los dioses olímpicos, quienes, a partir de esa fecha, fueron olvidados por los hombres.

CRONOS

Es el más viejo de los dioses. Fue rey de los titanes y las titánidas. Sus hijos fueron Zeus, Hades y Poseidón. Gobierna el tiempo. En Roma fue conocido con el nombre de Saturno.

ZEUS

Hijo de Cronos, gobernante del Olimpo y padre de la mayor parte de los dioses. La diosa Hera fue su esposa. En Roma fue conocido con el nombre de Júpiter.

POSEIDÓN

Hermano de Zeus y dios del mar y los ríos. Estaba casado con Anfitrite, la antigua diosa del mar. Su arma principal era un tridente y fue conocido en Roma como Neptuno.

DEMÉTER

Hermana de Zeus y Poseidón, diosa de los frutos, las hierbas y los granos de utilidad. Su hija Perséfone estaba casada con Hades, dios de los muertos. En Roma se le conoció como Proserpina.

AFRODITA

Diosa del amor y la belleza, nadie sabe quiénes son sus padres, aunque algunos sospechan que Anfitrite era su madre. En Roma se le conoció con el nombre de Venus.

Los calidoscopios son maravillosos. Cada vez que alguien se asoma en ellos, la luz y los objetos que contienen ofrecen un espectáculo irrepetible. ¿Te gustaría construir un calidoscopio? ¿Sí?, pues adelante, para crearlo sólo tienes que seguir estas instrucciones.

MATERIAL

Para construir un calidoscopio necesitarás:

TRES RECTÁNGULOS DE CARTÓN DE 6 X 20 CM

PAPEL ALUMINIO MUY LISO

PEQUEÑAS CUENTAS DE COLORES O CANICAS

CINTA ADHESIVA

PAPEL CELOFÁN

PAPEL BLANCO TRANSLÚCIDO

TIJERAS

REGLA

INSTRUCCIONES

Forra los rectángulos de cartón con papel aluminio y únelos para formar un prisma (el papel aluminio debe quedar en el interior).

Haz un triángulo de 6 cm de lado y utilízalo como molde para cortar el papel celofán y dos triángulos del papel translúcido.

En uno de los extremos del prisma pega el papel blanco y hazle un pequeño orificio en el centro.

Forma una bolsa con dos triángulos de papel translúcido y guarda en ella las cuentas o las canicas.

Pega la bolsa en el extremo libre del prisma y cierra este lado con papel translúcido.

¡Listo!
Ahora sólo tienes que asomarte para descubrir algunas maravillas.

La gran muralla china

La gran muralla china

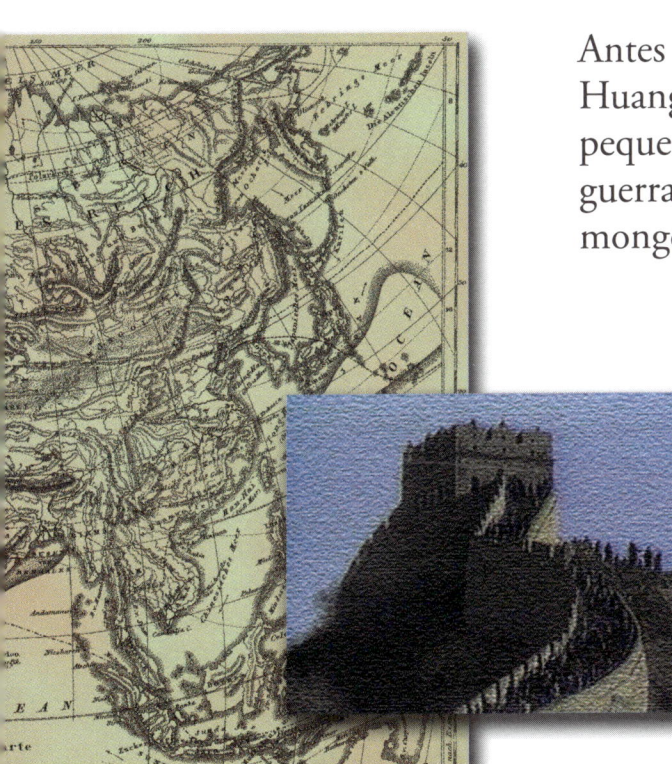

Arriba: acuarela de la Gran Muralla china. Abajo: edificio tradicional de China.

Antes del reinado de Qin Shi Huang, China era un conjunto de pequeños reinos que mantenían guerras entre sí y contra los invasores mongoles. Pero, con su llegada al poder, China se transformó en un imperio que ya sólo tenía como enemigos a los "bárbaros del norte". Para detener el avance de los mongoles, Qin Shi Huang tuvo una gran idea: construir una muralla que impidiera su avance. Los trabajos para construir esta muralla no se hicieron esperar y, al cabo de varios años, la gran obra se concluyó: los chinos habían creado una muralla que medía 3 460 kilómetros de largo y 5.5 metros de ancho en promedio. La Gran Muralla se convirtió en una maravilla; es la única construcción que puede ser vista desde el espacio exterior.

LOS MONGOLES Y LA MURALLA

La vida en la antigua China no era sencilla. Las poblaciones del norte del país eran constantemente atacadas por los mongoles, tribus casi nómadas dedicadas a la guerra y al saqueo de las ciudades y los pueblos para obtener lo necesario para vivir.

Con el tiempo, las distintas tribus se convirtieron en un solo grupo que era dirigido por un líder militar y, con ello, los pequeños ejércitos de saqueadores se convirtieron en una gran fuerza que ponía en riesgo el futuro de China.

Por este motivo, el emperador chino tomó una decisión que cambiaría la historia y crearía una de las grandes maravillas del mundo antiguo: mandó construir una muralla de más de tres mil kilómetros de largo con el fin de proteger a su país de los mongoles. La construcción no fue rápida, pero su eficiencia salvó a China durante varios siglos.

Constr

Izquierda: sistema empleado para construir la Gran Muralla.

Abajo: sistema defensivo de la Gran Muralla.

En la antigua China había guerras no sólo contra los mongoles. Durante la primera mitad del primer milenio antes de nuestra era, China vivió una de las guerras más largas de la historia, época que se conoce como el Periodo de los Estados Combatientes. En este periodo destacó un comandante cuyo nombre era Sun Tzu, quien escribió un libro muy importante llamado *El arte de la guerra*.

Este libro es muy especial porque no sólo enseña a los militares las mejores estrategias para derrotar a sus enemigos, sino también porque en él se expone que el mejor general es aquel que logra la victoria "sin disparar una sola flecha". Es decir, para Sun Tzu la guerra no debe ganarse tanto por la violencia, sino por la astucia que permite salvar vidas, y por las propiedades y valores de la sociedad.

Así pues, gracias a *El arte de la guerra* de Sun Tzu, la antigua China nos da un gran lección que podría convertirse en una maravilla: los seres humanos deben evitar la violencia y la guerra gracias a la astucia.

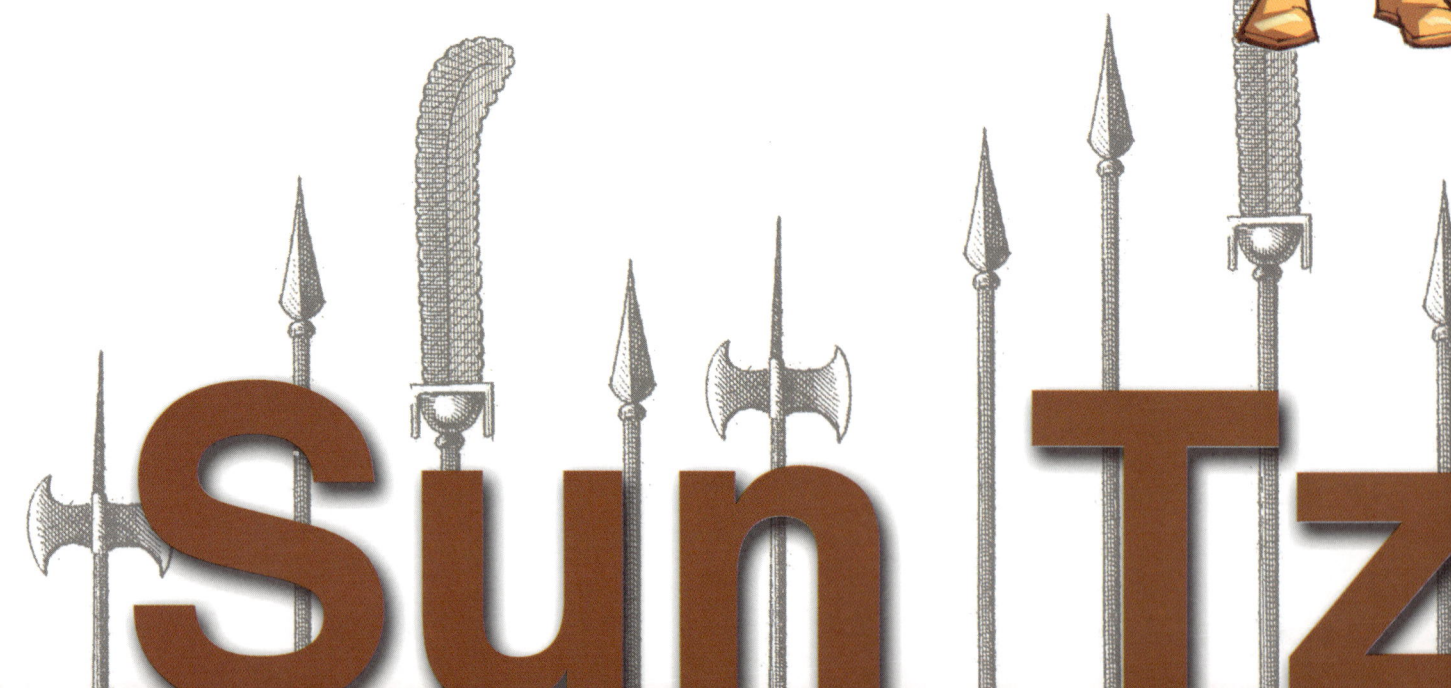

UN PENSAMIENTO CHINO CONTRA LA GUERRA

Un sabio no aconsejaría
el uso de las armas
para conquistar.
Esta táctica se revierte.

Por donde pasa el ejército
crecen espinos.
Tras la guerra
vienen malas cosechas.

TAO TE KING
LAO TSÉ

La mayoría de las personas piensa que para realizar un acto de magia se necesitan muchas cosas: sombreros para sacar conejos, mascadas de seda, capas especiales y varitas que pueden convertirse en flores. Sin embargo, tú puedes hacer grandes actos de magia con objetos muy sencillos, por ejemplo, ¡unos huevos!

EL HUEVO Y EL TROMPO

Un huevo crudo no puede girar como un trompo, pues el líquido que contiene en su interior hace "olas" que lo mueven para uno y otro lado. Sin embargo, con un pequeño truco se puede conseguir que un huevo se convierta en trompo.

PÍDELE A TU MAMÁ QUE CUEZA UN HUEVO.
GRACIAS A ESTO EL LÍQUIDO DE SU INTERIOR SE CONVERTIRÁ EN SÓLIDO,

Y ENTONCES PODRÁ GIRAR COMO TROMPO.

EL HUEVO QUE FLOTA

Si tomas un huevo crudo y lo metes en un vaso de agua siempre se hundirá; sin embargo, puedes hacerlo flotar si sigues estas instrucciones:

NECESITARÁS DOS HUEVOS.

PIDE A TU MAMÁ QUE CUEZA UNO DE ELLOS.

UNA VEZ QUE TENGAS LOS DOS HUEVOS PRESÉNTALOS A TUS AMIGOS Y PREGÚNTALES SI QUIEREN QUE FLOTE O QUE SE HUNDA.

DALE UNOS PASES MÁGICOS AL HUEVO QUE ELIJAN Y ÉSTE SE HUNDIRÁ SI ESTÁ CRUDO O FLOTARÁ SI ESTÁ COCIDO.

Huevos mágicos

El mausoleo de Halicarnaso

El Partenón de Atenas en la actualidad.

¿MAUSOLEO?

La palabra mausoleo es un poco rara. Sabemos que significa "sepulcro monumental". Pero, ¿de dónde proviene? Debe su existencia al constructor de esta maravilla del mundo antiguo: MAUSULO, quien fuera gobernante del reino de Caria entre 377 y 353 a.C., cuya tumba dio origen a una palabra empleada hasta nuestros días en memoria de su creador.

El mausoleo de Halicarnaso

Monumentos arquitectónicos de la Grecia clásica, según un acuarelista de principios del siglo XX.

La antigua ciudad de Halicarnaso se encuentra en el territorio que actualmente ocupa Turquía. La historia de su mausoleo se inició en el siglo IV antes de nuestra era, cuando Máusulo, el hombre más poderoso de esta región del mundo, inició la construcción de una tumba muy parecida a las que construyeron los faraones. Máusulo contrató a los mejores artistas de su tiempo y la obra se inició bajo la dirección del arquitecto Piteos, quien falleció antes de terminarla. Máusulo tampoco logró ver concluida la obra; sin embargo, su esposa Artemisa continuó dirigiendo la construcción de la tumba hasta que fue concluida en el siglo IV antes de nuestra era.

Exterior del Mausoleo de Halicarnaso.

La muerte y los cultos funerarios no sólo fueron el origen de los mausoleos, sino también de muchas obras pictóricas.

El Taj-Mahal es otro famoso mausoleo, se encuentra en la India y, según algunos investigadores, es otra de las maravillas del mundo antiguo.

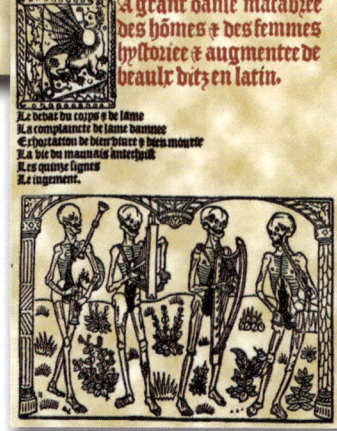

La muerte ha dado origen a grandes obras. La mayor parte de los seres humanos desea que se sepa de su vida después de su muerte y, por ello, en más de una ocasión, se han creado maravillas para que algunas personas lo consigan. Así, las pirámides de los faraones egipcios, el Mausoleo de Halicarnaso, el Taj-Mahal y muchas otras construcciones funerarias que existen en el mundo dan muestra de este deseo humano de trascendencia.

Funera

HERODOTO Y LAS COSTUMBRES FUNERARIAS

Herodoto fue el habitante más famoso de Halicarnaso. Su *Historia* no sólo es el origen de una ciencia, también es uno de los mayores esfuerzos del mundo antiguo a fin de lograr explicar los hechos del pasado y las costumbres de los pueblos.

¿Qué nos dice Herodoto sobre las costumbres funerarias del pasado? Leamos sus opiniones acerca de los egipcios, quienes construyeron la Gran Pirámide, una de las maravillas del mundo antiguo, para honrar a sus muertos:

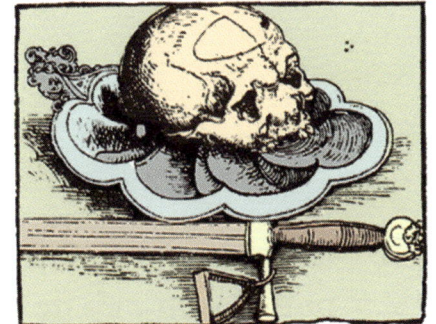

"En ese lugar existen personas encargadas de preparar a las momias. Cuando les llevan un cadáver, ellos muestran a quienes lo han traído unos modelos de madera y explican las distintas técnicas de embalsamamiento que emplean para las diferentes calidades de momias. Después de esto, preguntan a los familiares cuál les parece mejor y acuerdan un precio, tras lo cual abandonan el lugar mientras que los embalsamadores se quedan a realizar su trabajo."

Historia
Libro II

Las palabras son extrañas, mágicas. Esconden secretos que pocas veces podemos apreciar. Por ejemplo, algunas de ellas dicen algo distinto si las leemos al revés. Éste es el caso de la palabra

ROMA

pues si la leemos al revés dice

AMOR

Sin embargo, las palabras tienen mayores secretos, justo como ocurre con los palíndromos, que son enunciados o palabras que se pueden leer de izquierda a derecha (como lo hacemos normalmente) o de derecha a izquierda (como se hace con otros idiomas). Veamos un ejemplo:

SÉ VERLA AL REVÉS

Veamos ahora qué pasa cuando la leemos de derecha a izquierda:

SÉVERLA ALREV ÉS

CREA TUS PALÍNDROMOS

Palíndromos

LOS
colgantes de Babilonia
Los jardines colg

Arriba: antiguo mapa alemán de la zona de Babilonia. Al centro y a la derecha: imágenes sobre la región donde se encuentra la antigua Babilonia.

Los jardines colgantes de Babilonia

Los Jardines Colgantes de Babilonia son una extraña maravilla que ha sido capaz de capturar la imaginación de la humanidad durante más de 20 siglos. Los antiguos libros cuentan que fueron construidos por Nabucodonosor II, quien gobernó Babilonia en el periodo que va del año 605 al 562 antes de nuestra era.

Se dice que estos jardines eran idénticos al Paraíso descrito en la Biblia, y que Nabucodonosor los construyó como un homenaje a su amada. Sin embargo, no existen vestigios de los jardines; ningún investigador ha encontrado prueba alguna de su existencia y, por ello, hoy se piensa que sólo fueron una maravillosa leyenda.

OTROS JARDINES MARAVILLOSOS

Los Jardines Colgantes de Babilonia no son la única construcción de este tipo que merece ser calificada como maravillosa. En otros lugares de nuestro planeta también existen otras obras maestras de este tipo, tal es el caso de los jardines que los reyes franceses construyeron en Versalles. Sin embargo, los jardines maravillosos que nos pueden resultar más extraños son los japoneses (como el que se muestra en la fotografía de la parte superior de este recuadro). Estos jardines casi no tienen plantas, pues generalmente se hacen con arena y rocas, y están casi vacíos. ¿Para qué sirve un jardín con estas características? Los japoneses sostienen que ese vacío, al que se conoce como *minimalismo*, les permite meditar sobre la vida y su existencia.

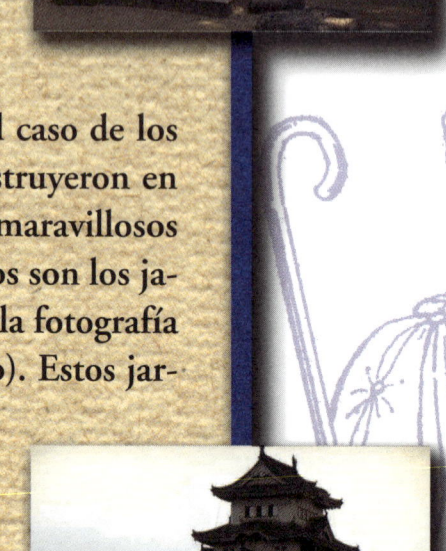

Cómo fu

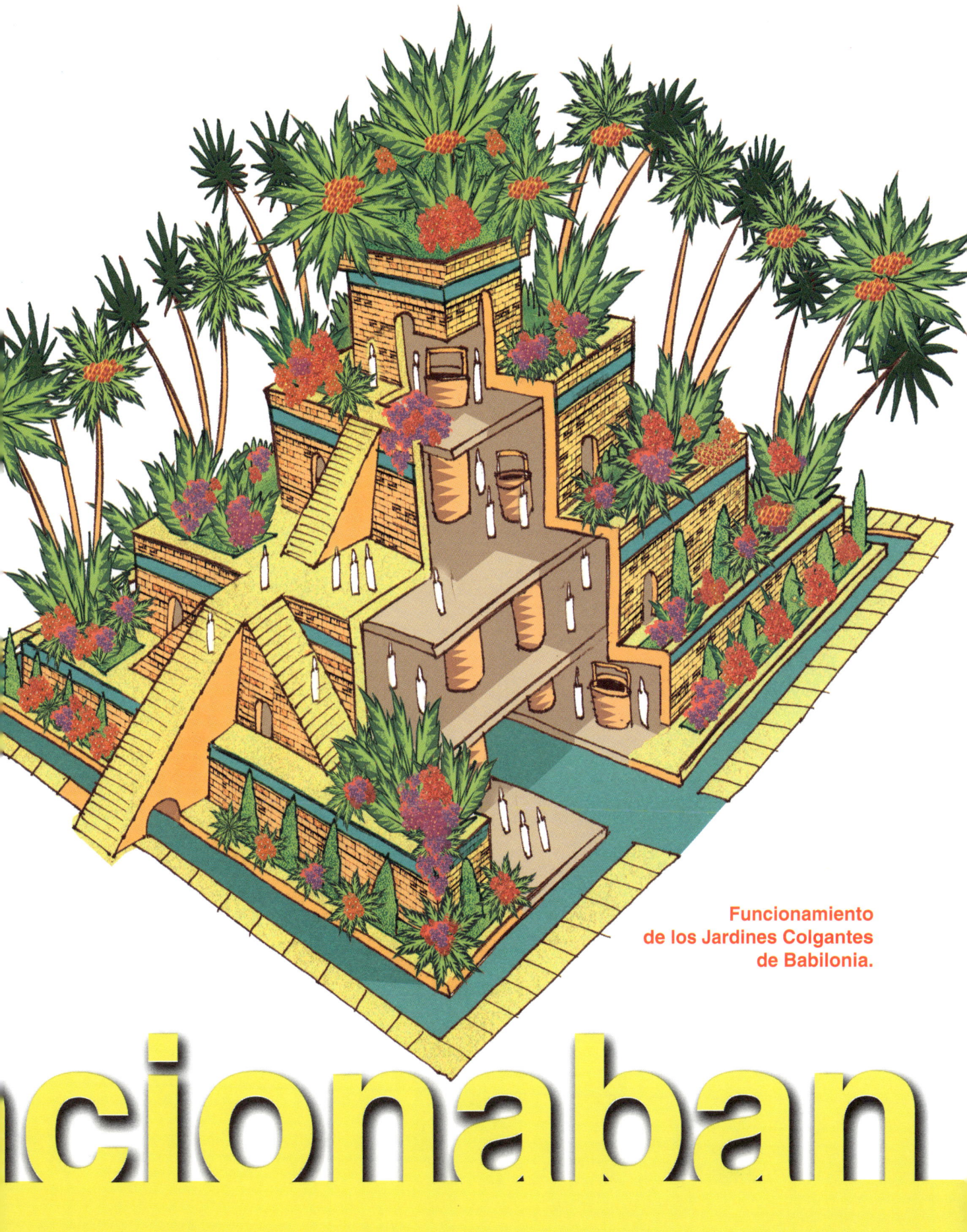

Funcionamiento de los Jardines Colgantes de Babilonia.

LA POESÍA DESPUÉS DE LOS JARDINES

Cuando desapareció el imperio que dio origen a la leyenda de los Jardines Colgantes, otros pueblos se apoderaron del territorio que ocupaba la antigua Babilonia. A mediados del siglo XI, cerca de Mesopotamia, nació un gran poeta a quien conocemos como Omar Khayyam, aunque su nombre completo era Ghiyathuddin Abulfash Omar ben Ibrahim al Kheyyam, quien escribió algunos de los textos más hermosos del mundo árabe.

A continuación te presentamos un pequeño fragmento de su *Rubaiyat*:

¿Sabes tú por qué del alba el gallo,
con su canto agudo se lamenta?
Porque vio
en el espejo de la clara mañana,
que había transcurrido,
sin que te dieras cuenta,
una noche en tu vida.

¿Alguna vez te has dado cuenta de cómo transcurre tu vida mientras estás dormido?

Las maravillas del mundo antiguo se construyeron —entre otras cosas— gracias a la geometría. Sin ella, los hombres del pasado no hubieran podido realizar los planos de los edificios que te hemos presentado en este libro.

La geometría no sólo sirve para construir maravillas. También nos ofrece algunos retos. A continuación te presento tres figuras creadas por medio de triángulos, cuadrados y círculos. Tú tienes que copiarlas sin levantar el lápiz y sin recorrer dos veces la misma línea, aunque sí se vale atravesarla en un punto.

sin levantarlo

El coloso de Rodas

Arriba: armas empleadas en la antigua Grecia según un grabado del siglo XIX.

Abajo: acuarela de la costa de Rodas.

La isla de Rodas se encuentra a unos cuantos kilómetros de la costa de Turquía, y durante la Antigüedad clásica fue escenario de grandes enfrentamientos militares: los persas y las distintas ciudades griegas lucharon entre sí para dominarla, por lo que esta ciudad y sus habitantes siempre estaban en peligro.

En el año 304 antes de nuestra era, Rodas enfrentó una situación de guerra. La ciudad fue rodeada por las tropas de Demetrio Poliorcetes, quien fue derrotado. Para conmemorar la victoria, los habitantes de Rodas decidieron construir una estatua del dios Helios, la cual se pagó con el dinero obtenido por la venta de las armas del ejército enemigo.

¿SABÍAS QUE...?

Antes de la construcción de esta maravilla, la palabra COLOSO se usaba para designar a todas las esculturas; después de la construcción de CARES DE LINDOS, sólo se emplea para nombrar a las que son verdaderamente grandes.

¿SABÍAS QUE...?

Muchos viajeros suponían que la antorcha que sostenía el Coloso de Rodas se encendía todas las noches como un faro para ayudar a los navegantes a orientarse, pero esto es un gran mito, pues la antorcha sólo era una parte de la escultura.

¿SABÍAS QUE...?

El Coloso de Rodas fue destruido por un terremoto ocurrido en el año 226 a.C., el cual provocó que se rompieran sus rodillas y se desplomara. Por cierto, el bronce con el que se construyó fue vendido por los árabes en el año 654.

Constr

Construcción del Coloso de Rodas.

Los antiguos griegos fueron un pueblo de navegantes, preferían el mar a la tierra. La razón de esta preferencia no es resultado de la casualidad: en Grecia continental, el terreno montañoso, los caminos deficientes y la falta de herraduras para los caballos hacían muy lento el desplazamiento. En cambio, en el mar —gracias a los grandes descubrimientos en la navegación— podían recorrerse mayores distancias en menor tiempo.

A pesar de esto, los antiguos griegos no se aventuraban en el mar en cualquier temporada del año; la navegación sólo era segura en verano, cuando los vientos, la ausencia de tormentas y la temperatura permitían que hubiera cierta seguridad para los barcos.

Navega

Aunque los antiguos griegos conocían y empleaban las velas para mover sus naves gracias a la fuerza del viento, su principal fuerza se encontraba en los remeros, mismos que permitían avanzar a los barcos a siete nudos por hora. Los trirremes, por ejemplo, llevaban en promedio 170 remeros. Para la guerra, los trirremes tenían arietes al frente (como los que se muestran en los dibujos de la parte inferior de estas páginas), con los cuales golpeaban a las naves enemigas para hundirlas.

Esta predilección marítima de los antiguos griegos explica la razón por la cual muchas de las maravillas que construyeron se encuentran relacionadas con el mar o están en las islas cercanas a Grecia continental o Turquía.

En algunas ocasiones, nuestra inteligencia puede confundirse y mirar cosas que no existen u observar cosas distintas de las que se nos muestran. Por ejemplo, algunos dibujos parecen una cosa pero —en realidad— son otra muy distinta.

Para que te convenzas de lo anterior, te presento dos dibujos que parecen ser una cosa pero, en realidad, son algo muy distinto.

¿EN VERDAD ESTÁS VIENDO UN GATO?

¿EN VERDAD ESTÁS VIENDO UN PATO?

Imágenes raras

El faro de Alejandría

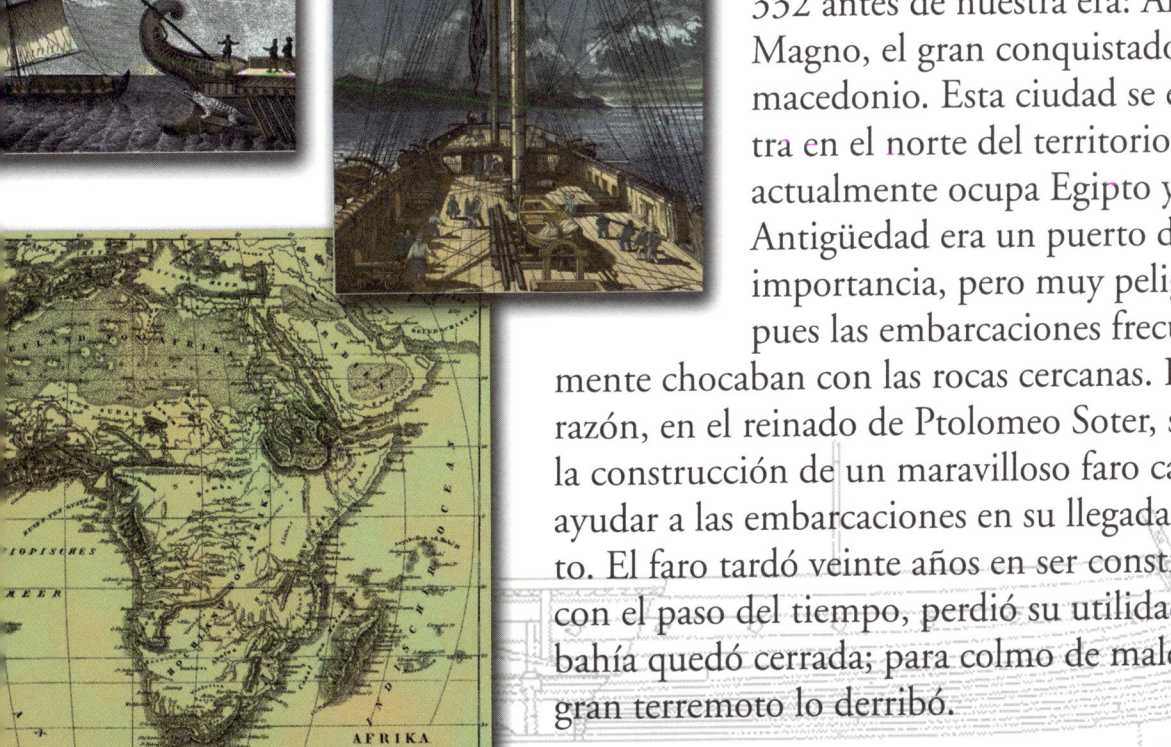

La ciudad de Alejandría debe su nombre a quien la fundó en el año 332 antes de nuestra era: Alejandro Magno, el gran conquistador macedonio. Esta ciudad se encuentra en el norte del territorio que actualmente ocupa Egipto y en la Antigüedad era un puerto de gran importancia, pero muy peligroso, pues las embarcaciones frecuentemente chocaban con las rocas cercanas. Por esta razón, en el reinado de Ptolomeo Soter, se inició la construcción de un maravilloso faro capaz de ayudar a las embarcaciones en su llegada al puerto. El faro tardó veinte años en ser construido y, con el paso del tiempo, perdió su utilidad pues la bahía quedó cerrada; para colmo de males, un gran terremoto lo derribó.

¿SABÍAS QUE...?

El Faro de Alejandría es el más alto que se ha construido en toda la historia: el más alto de la actualidad tiene 106 metros de altura, mientras que el de Alejandría tenía 124.

A pesar de su altura, el Faro de Alejandría presentaba un problema que fue resuelto de una manera por demás ingeniosa. Su luz era producida por medio de una gran fogata que se alimentaba con leña; sin embargo, y a pesar del tamaño de la hoguera, la iluminación que se obtenía no era lo suficientemente poderosa para guiar a las embarcaciones más lejanas. Debido a esta dificultad, los ingenieros encargados de su construcción idearon un sistema de espejos —que probablemente eran de cobre o bronce— por medio de los cuales podían aumentar la luminosidad de la hoguera.

Vale la pena decir que los espejos no sólo se usaron en Alejandría. Arquímedes, uno de los grandes sabios griegos, los utilizó de distintas maneras, incluso —según cuenta una leyenda— los empleó con fines militares para crear un rayo de luz que incendiaba las naves enemigas.

Cómo fu

¿SABÍAS QUE...?

La Biblioteca de Alejandría fue la más importante de la Antigüedad, y acerca de ella se han creado grandes mitos. Por ejemplo, muchas personas suponen que tenía un gran edificio, pero el lugar que ocupaba era sumamente modesto. Otros sostienen que en ella se guardaban cientos de miles de libros, pero la verdad es que su colección apenas reunía —en el mejor de los casos— unos cuantos miles de ejemplares. Entonces, ¿por qué es tan famosa? Su fama se debe a tres hechos: al *valor*, que no al *número*, de los ejemplares de su colección; a los estudiosos que trabajaron en ella y que realizaron grandes aportaciones al conocimiento; y, por último, a sus bibliotecarios y editores, quienes lograron conservar y restaurar el contenido original de los libros que en ella se guardaban, y con ello nos permitieron conocer a los grandes autores de la Antigüedad.

Una bibli

¿SABÍAS QUE…?

En la Biblioteca de Alejandría no tenían una sala de lectura como en las bibliotecas de la actualidad: en aquella época los libros eran diferentes —tenían forma de rollo— y no se leían en mesas, sino de pie para que varios pudieran escuchar, o se detenía con las manos cuando se sentaban a leer.

¿SABÍAS QUE…?

Para guardar los libros de la Biblioteca de Alejandría bastaban unas pequeñas habitaciones que permitían, además de tenerlos ordenados en nichos y cestas, agruparlos por temas para facilitar el trabajo de quienes querían consultarlos.

Por esta razón, la Biblioteca de Alejandría tenía otra peculiaridad: en ella no había libreros.

¿SABÍAS QUE…?

La Biblioteca de Alejandría fue destruida a causa de una serie de incendios y revueltas ocurridos en esa ciudad. Una de las consecuencias de su desaparición fue la pérdida de algunos de los libros más importantes de la Antigüedad clásica.

Casi todas las personas piensan que para hacer operaciones aritméticas se necesitan números. Es más, ellos pensarían que sin estos signos no es posible realizar ninguna cuenta.

Pero nosotros podemos desafiarlos, y para eso, a continuación te presento una serie de operaciones aritméticas donde los únicos números que aparecen son los resultados.

¿Estás listo para enfrentar el reto?, pues adelante.

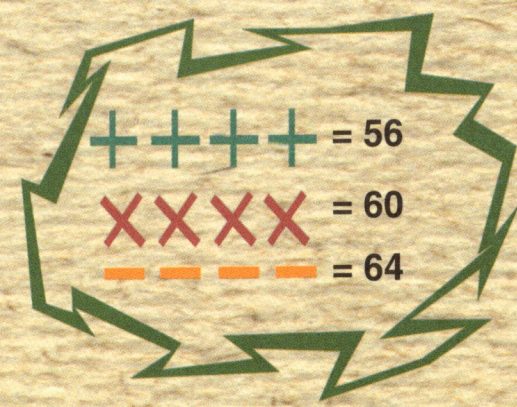
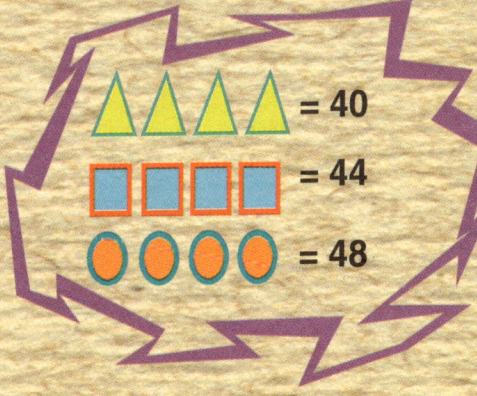

Números y geometría

El templo de Artemisa en Éfeso

Esculturas de la Grecia clásica, según un acuarelista de principios del siglo xx.

La historia de esta maravilla se inicia con un acto de locura ocurrido en el año 356 antes de nuestra era: un demente de nombre Eróstrato prendió fuego al antiguo templo de Artemisa en Éfeso. Ante este hecho, los habitantes de esta ciudad ubicada en el territorio que hoy ocupa Turquía decidieron levantar uno nuevo que terminó convirtiéndose en una de las maravillas del mundo antiguo. A diferencia de los Jardines Colgantes de Babilonia, las ruinas del templo de Artemisa fueron descubiertas en 1870 tras una larga excavación realizada por un arqueólogo inglés llamado John Turtle Wood.

Exterior del templo.

El tem

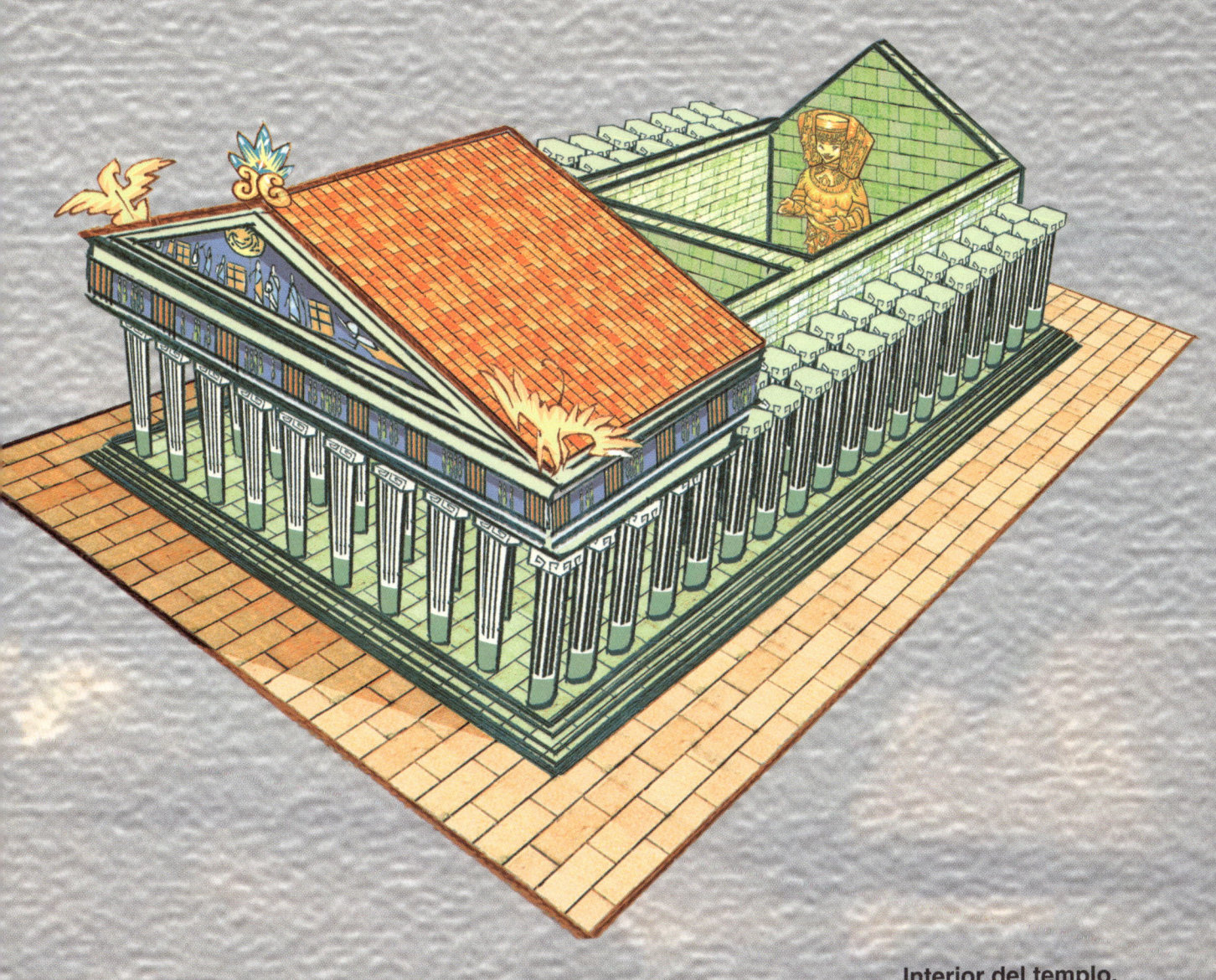
Interior del templo.

¿SABÍAS QUE...?

En las ciudades griegas sólo se consideraban como ciudadanos a los hombres libres que eran capaces de participar en el ejército como soldados de infantería, los cuales eran conocidos como HOPLITAS.

¿SABÍAS QUE...?

En la antigua Atenas existía un lugar donde se reunían todos los ciudadanos para discutir los asuntos de la ciudad. Este lugar era conocido como ÁGORA.

¿SABÍAS QUE...?

Las antiguas ciudades griegas eran una nación por sí mismas; así, los habitantes de Atenas o Esparta se consideraban como atenienses o espartanos y sólo en un segundo término como griegos.

Las ciu

Para comunicarse, los seres humanos han convertido las letras en signos que pueden ser leídos en circunstancias distintas de las comunes. Por ejemplo, las personas invidentes leen las letras gracias a una serie de grabados en el papel, y los soldados y los marineros se comunican en las noches gracias a luces de corta o larga duración.

Uno de los alfabetos más divertidos es el semáforo, mismo que emplean los marineros para comunicarse entre las naves cuando están en el mar. En estas páginas te lo presento para que puedas enviar mensajes gracias a un par de pequeñas banderas.

ten

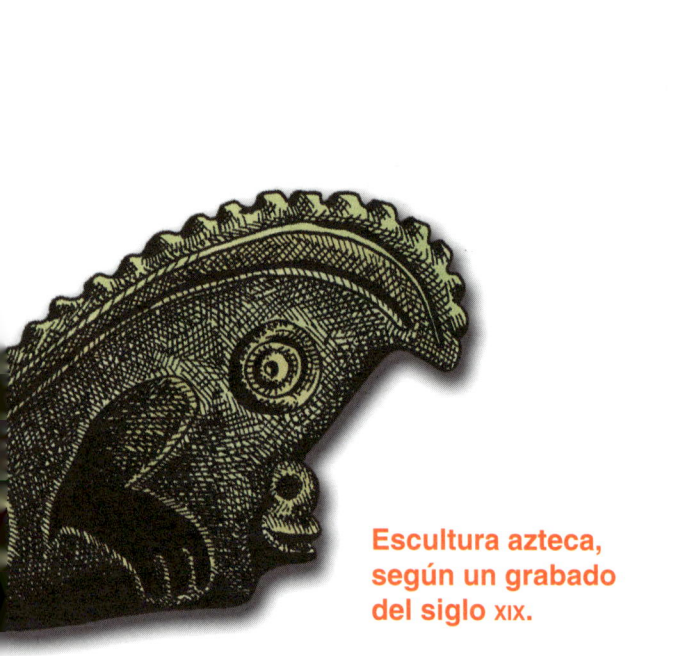

Escultura azteca, según un grabado del siglo XIX.

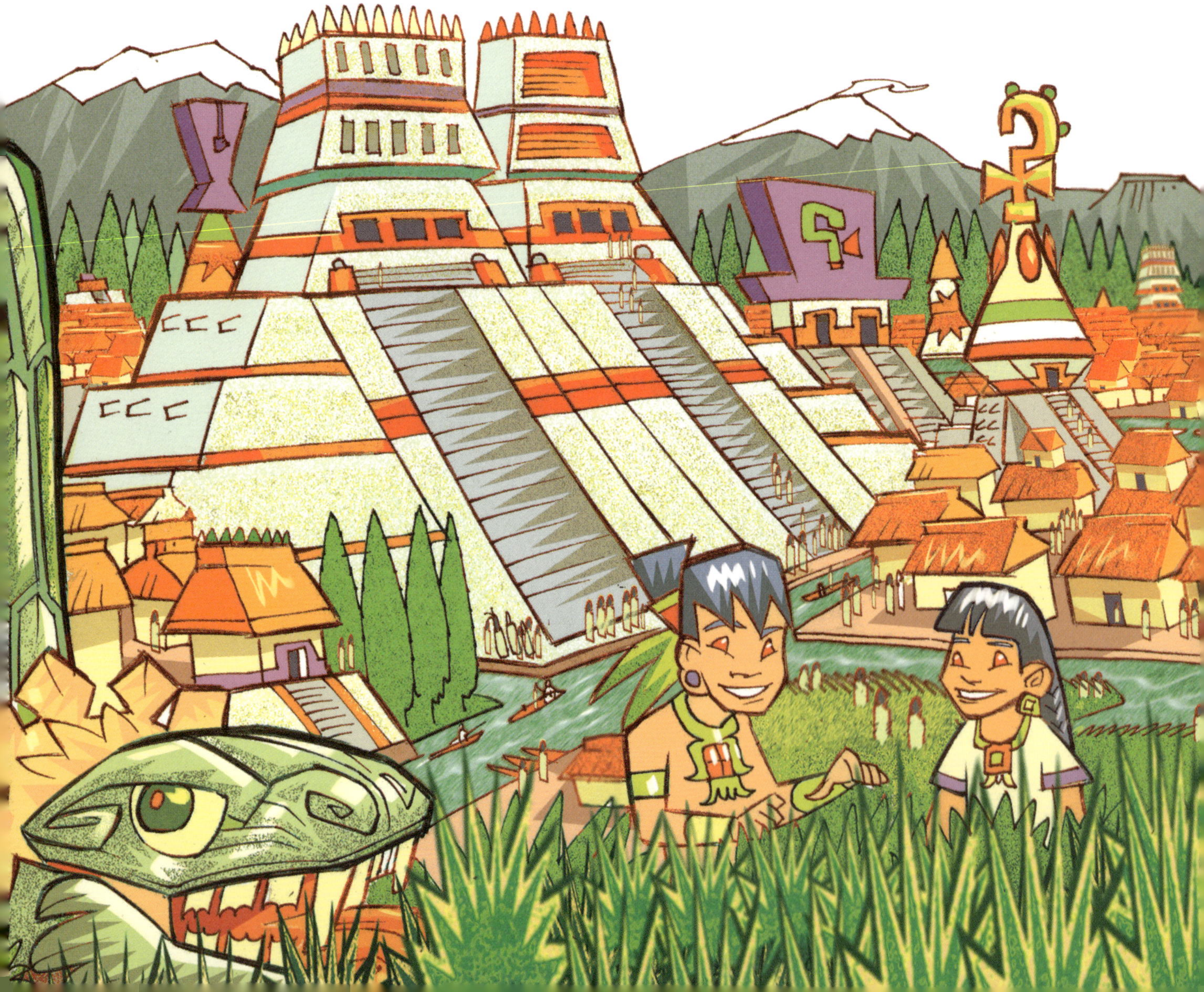

Tenochtitlán

Arriba: jeroglífico azteca.

Derecha: escultura de la diosa Coatlicue.

La historia de la ciudad de Tenochtitlán se inició mucho tiempo antes de que fuera construida, pues los mexicas realizaron una larga peregrinación desde el norte de México hacia el sur, en busca de la señal que su dios principal les dio para localizar el sitio donde debían construir su ciudad: un águila que devoraba a una serpiente, la cual estaría posada sobre un nopal. Esta señal la hallaron en un islote del lago de Texcoco. Así, Tenochtitlán nació sobre una isla. Sin embargo, con el paso del tiempo, la capital azteca comenzó a crecer ¡sobre las aguas!, pues sus habitantes descubrieron un sistema —las chinampas— para crear islas artificiales que permitieron aumentar la superficie de su ciudad. Tenochtitlán no fue eterna: tras la Conquista española fue prácticamente destruida. Las piedras de sus templos y palacios fueron utilizadas para edificar la ciudad de México, pero, siglos más tarde, los arqueólogos mexicanos han descubierto y desenterrado ruinas de algunos de ellos.

Proceso de construcción de una chinampa. Los primeros dos dibujos te muestran lo que los antiguos mexicanos hacían bajo el agua del lago de Texcoco para construir islas que se convertirían en lugares de cultivo y habitación.

¿SABÍAS QUE...?

Cuando los conquistadores españoles llegaron a Tenochtitlán quedaron maravillados por la ciudad, y en muchos de los libros que escribieron hablaron sobre sus prodigios. Un ejemplo de esto son las *Cartas de relación* escritas por Hernán Cortés, donde se puede leer la siguiente descripción sobre Tenochtitlán y sus mercados: "Esta gran ciudad está fundada en una laguna salada. Tiene cuatro entradas, todas de calzadas tan anchas como dos lanzas de jinete. Tiene esta ciudad muchas plazas, donde hay continuos mercados y tratos para comprar y vender. Tiene otra plaza tan grande como dos veces la plaza de la ciudad de Salamanca, toda cerrada con portales alrededor, donde cotidianamente se reúnen más de sesenta mil personas comprando y vendiendo todo género de mercancías."

LOS PRESAGIOS

Los aztecas, antes de la llegada de los españoles, tuvieron algunos presagios que anunciaban el fin de su imperio. Uno de ellos, recogido por fray Bernardino de Sahagún, fue el siguiente:

Diez años antes de venir los hombres de Castilla se mostró un funesto presagio en el cielo. Apareció una figura que parecía una espiga de fuego, otra como una llama y una más como aurora. Estas figuras se mostraban como si estuviera goteando, como si

estuvieran punzando en el cielo. Llegaban a la medianoche y se manifestaban aún en el amanecer hasta que las hacía desaparecer el sol. Por ellas, en Tenochtitlán había gran alboroto entre la gente, algunos se daban palmadas en los labios y otros tenían gran azoro. Pero todos hacían interminables comentarios.

Historia de las cosas de Nueva España, Fray Bernardino de Sahagún.

Enviar mensajes secretos es muy divertido. Gracias a ellos puedes remitir cartas o recados que no quieres que sean descubiertos o comprendidos por otras personas, salvo el destinatario. Algunas maneras de enviarlos son muy simples: puedes ocultarlos en el interior de una pluma, dentro de un portarretratos o en un juguete. Pero una forma muy segura es la que te presentamos a continuación:

Mensajes secretos

Para comenzar, necesitas un rollo de papel de baño y una hoja de papel que lo cubra perfectamente.

Después tienes que escribir el mensaje secreto en el papel.

Ahora, corta el papel con el mensaje en varias tiras a fin de que

sólo pueda leerse si se tienen todas las tiras y el rollo de papel en las que se montan.

El coliseo romano

Antiguo mapa alemán de Italia.

El coliseo romano

El Coliseo romano, según un acuarelista de principios del siglo XX.

Entrada del Coliseo romano, según un acuarelista de principios del siglo XX.

El Coliseo romano es —junto con las pirámides de Gizeh— una de las maravillas del mundo antiguo más conocidas. Es posible que esto se deba al papel que este edificio ha tenido en muchísimas películas en las que los gladiadores son grandes estrellas. El Coliseo se construyó durante el reinado del emperador Vespasiano y fue inaugurado en el año 80 antes de nuestra era con una serie de juegos, competencias y luchas que duraron más de tres meses. Al igual que otras maravillas, el Coliseo sufrió daños a causa de los temblores y el saqueo, y algunas de sus partes se emplearon para otras construcciones.

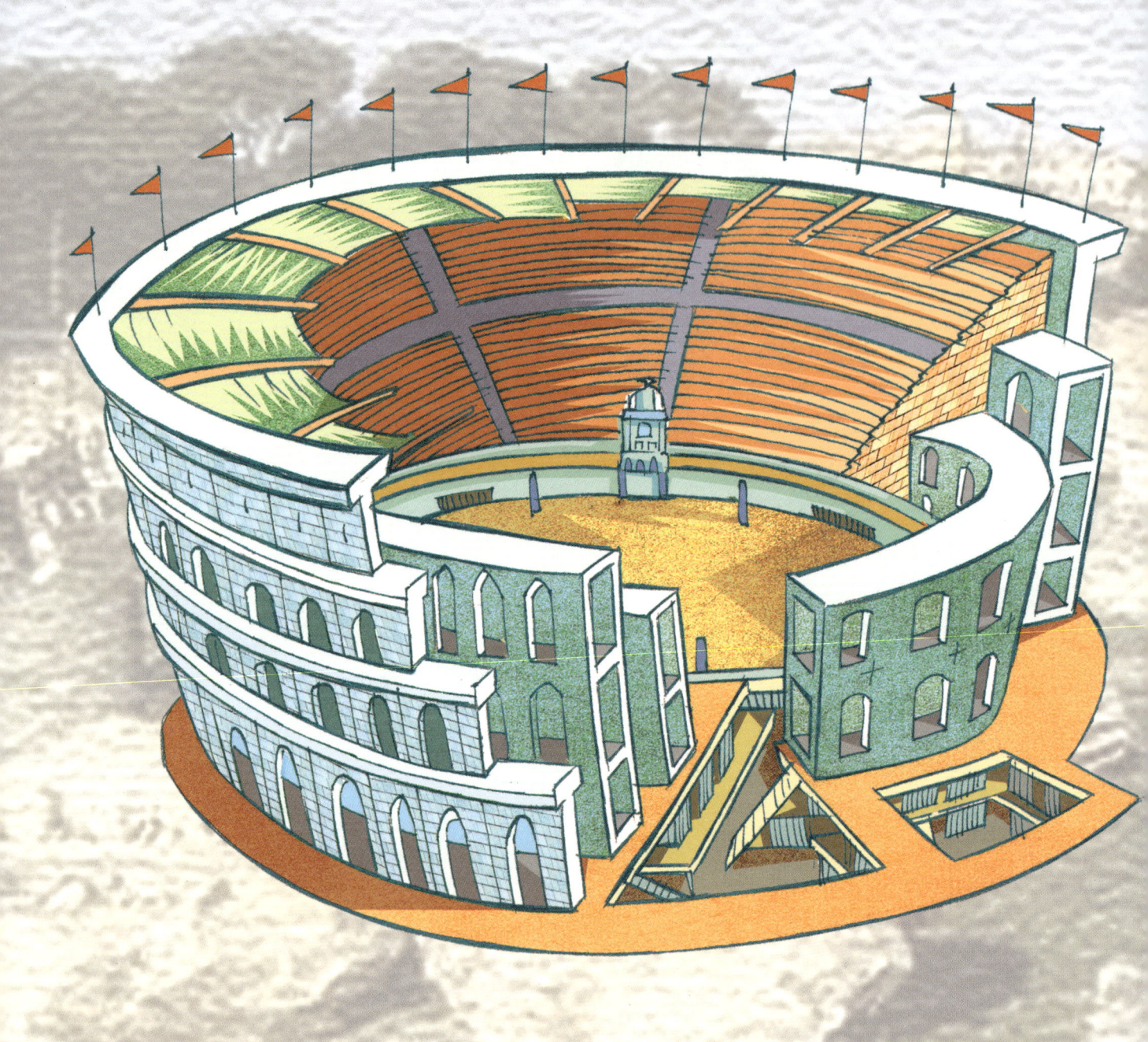

Cómo fu

Casco, coraza y mazo romanos, según un grabado del siglo XVIII.

El circo romano no sólo fue una maravilla por su tamaño y por las historias que sobre él hemos creado desde hace siglos. Su funcionamiento, mismo que implicó el desarrollar una serie de elementos de ingeniería cuyo fin era lograr que los "espectáculos" fueran más impresionantes, fue una muestra del ingenio que los seres humanos han aplicado a la diversión.

Interior del Coliseo romano en nuestros días.

Momento culminante en el enfrentamiento de gladiadores, según un grabado del siglo XVIII.

Los gladiadores del Coliseo romano siempre han despertado la imaginación gracias a una serie de historias de valor y fuerza. Sin embargo, mucho de lo que pensamos sobre ellos es fantasía: en aquella época, eran grandes héroes populares como los luchadores de nuestros tiempos y, contra lo que suponemos, casi nunca realizaban combates a muerte, pues sus vidas eran muy caras para sus dueños, quienes no querían perder a uno de sus campeones. Ellos tampoco peleaban contra animales salvajes; en el circo, los animales sólo luchaban contra otros animales. Por cierto, sí sabemos que un gladiador llamado Espartaco se rebeló contra los romanos y dirigió un ejército que, tras un breve lapso, fue derrotado por las legiones.

Gladiad

Carreras de carros y caballos en el Coliseo, según un grabado anónimo del siglo XVIII.

Las luchas entre gladiadores y entre fieras no eran los únicos espectáculos que se presentaban en el Coliseo. Las carreras entre carros o caballos también eran un espectáculo frecuente, y eran tan importantes que el Coliseo fue construido, en buena medida, para permitir este tipo de competencias que apasionaban a los romanos de aquella época, a quienes les encantaban la velocidad y las apuestas.

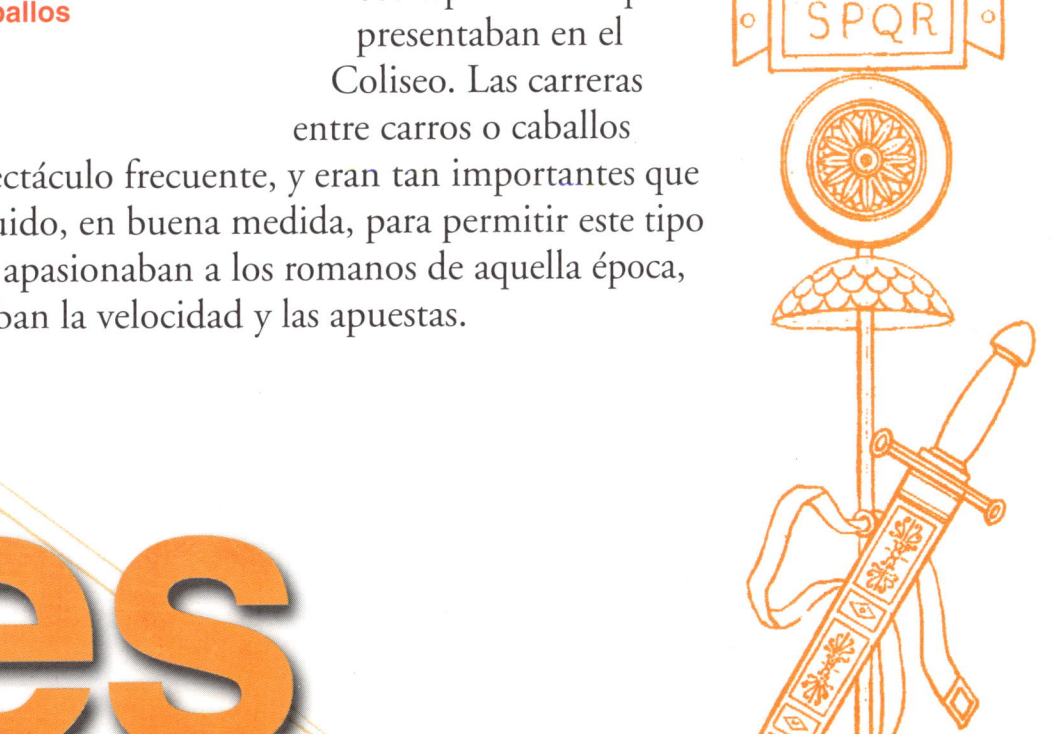

Para los educadores

Conocer las maravillas del mundo antiguo no sólo nos aproxima a las construcciones que han sorprendido a la humanidad desde el tiempo más lejano; también nos da la posibilidad de acercarnos a los sueños, los deseos, los miedos y la imaginación de quienes nos antecedieron. Por esta razón, aproximarse a estas grandes obras magnifica nuestra perspectiva del pasado al tiempo que nos invita a una labor titánica: intentar crear nuevas maravillas, obras capaces de competir con las de los tiempos remotos.

Así, las maravillas del mundo antiguo son una invitación para transformar a nuestros alumnos en creadores, en seres capaces de desafiar el mundo convencional para adentrarse en el mundo de las maravillas. Ésta es, sin duda, la principal razón que anima a este libro.

Este libro terminó de imprimirse en julio de 2004
en Editorial Impresora Apolo, S.A. de C.V.,
Centeno 150, Col. Granjas Esmeralda,
09810, México, D.F.